Das neue Bürgerliche Gesetzbuch

in seiner Bedeutung

für die preußischen

evangelischen Landeskirchen.

Zur Einführung
kirchlicher Kreise in das neue Recht

von

Goßner,
Konsistorialrath.

Berlin 1899.
J. J. Heines Verlag.

Das neue bürgerliche Gesetzbuch in seiner Bedeutung für die preußischen evangelischen Landeskirchen.[1])

Wenn am Schlusse dieses Jahres die mitternächtliche Stunde schlägt, wird eine tiefe Bewegung durch die Menschheit gehen, und diese Bewegung wird nicht zum Mindesten unser deutsches Volk durchzittern. Der Rückblick auf das scheidende Jahrhundert kann uns Gottlob mit freudigem Stolze erfüllen. Am Beginn der traurige Zerfall in seiner Vollendung — heute ein Volk, selbstbewußt und zukunftsfroh. Ihre wiedergewonnene politische Einheit hat die Nation auch für ihr Recht zu nutzen gewußt. In jener mitternächtlichen Stunde, von der uns nur noch wenige Monden trennen, wird mit einem Schlage aus dem Reiche verschwinden das fremdländische Recht, das in seinen alterthümlichen Quellen nur wenig eingeweihten Fachmännern zugänglich, dem Volke im Ganzen aber unleserlich ist; da werden verschwinden alle die partikularen Ordnungen, die der Deutschen Rechte hier so, dort anders gestalten. Fortan soll ein Gesetz gelten für das Rechtsleben der Deutschen. Ein neuer starker Ring ist geschmiedet, der die deutsche Einheit fester bindet. Fürwahr ein großartiges Werk, das in allen deutschen Stämmen und Ländern die Rechtspflege bis in die Tiefen ergreift, die betheiligten Kräfte in lebhafteste Erregung setzt.

Sehen wir aber auf das besondere Recht der Kirche, namentlich unserer evangelischen Landeskirche, so wird dasselbe durch jene Umwälzung nur geringer berührt. Das neue bürgerliche Gesetzbuch bringt nicht eine Kodifikation allen Gebietsrechtes, wie z. B. das preußische

---

[1]) Die Abhandlung, welche auf Anregung aus betheiligten Kreisen veröffentlicht wird, ist aus einem Vortrage erwachsen, den Verfasser auf Wunsch in einem kirchlichen Vereine gehalten hat. — In Nachstehendem ist unter „B. G. B." das Bürgerliche Gesetzbuch, unter „E. G." das Deutsche Einführungsgesetz, unter „A. G." das Preußische Ausführungsgesetz zu demselben, unter „Begr." die Begründung des letzteren (in der Guttentagschen Ausgabe) zu verstehen. Ohne weiteren Zusatz weisen §§ auf das B. G. B., Art. auf das E. G. hin.

allgemeine Landrecht. Nach Ueberschrift und Absicht ordnet es nur das Privatrecht, das Recht der einzelnen Personen, ihrer Familien-, ihrer Vermögensbeziehungen. Nur das bisherige Landesprivatrecht wird also aufgehoben. Grundsätzlich ausgeschlossen und somit unberührt bleibt aber das sonstige, das öffentliche Recht, dem auch das Kirchenrecht zuzuzählen ist. Wir brauchen in der Kirche jedoch nur der nächstliegenden Beziehungen, ihres Verhältnisses zum Staate, zu gedenken, so wissen wir: wo sich zwei Mächte berühren, da giebt es ein Grenzgebiet, und was in ihm liegt, wird hüben und drüben in Anspruch genommen. So ist auch die Grenze zwischen privatem und öffentlichem Rechte nicht mit einem Striche gezogen. Gewisse Ordnungen treffen in ihrem Hauptgrunde Einrichtungen des öffentlichen Rechtes, regeln gleichwohl aber auch Verhältnisse, die dem bürgerlichen Verkehr angehören. Das bürgerliche Gesetzbuch hat selbst hier und da, indem es über Verhältnisse, die von vorne herein öffentlicher Art sind, Bestimmung trifft, diese mit in den Kreis der Privatrechte gezogen. Andererseits und vornehmlich aber weist ein besonderes Reichsgesetz, welches das bürgerliche Gesetzbuch einführt, bei Auseinandersetzung desselben mit den Landesrechten gewisse nach ihrem rechtlichen Charakter zweifelhafte Verhältnisse dem öffentlichen Rechte zu, indem es wegen ihres engen Zusammenhanges mit öffentlichen Einrichtungen die fernere landesrechtliche Zuständigkeit vorbehält. Solche Vorbehalte betreffen insonderheit auch die Kirche. — Soweit das Reichsgesetz nach seiner Zuständigkeit nicht selbst die Grenze zieht, hängt es von der Verfassung und den öffentlichen Einrichtungen des einzelnen Staates ab, ob eine Vorschrift dem öffentlichen oder dem bürgerlichen Rechte zuzurechnen ist; und es wird mit Sache der Ausführungsgesetze sein, welche die einzelnen Staaten zum bürgerlichen Gesetzbuche erlassen müssen, den bezüglichen Rechtszustand zu klären.[1]) Demgemäß sieht auch der Entwurf des preußischen Ausführungsgesetzes ausdrücklich vor, daß der Titel 11 Theil II des A. L. R., der bekanntlich eine Kodifikation des preußischen Kirchenrechtes enthält, mit einer geringfügigen, die ev. Kirche überdies nicht berührenden Ausnahme aufrecht erhalten bleibt. Daß dieser Titel nicht mehr, wie einst verordnet, zu Recht besteht, sondern inzwischen durch preußische Rechtsfortbildungen eine erhebliche Ausgestaltung erfahren hat, ist eine Sache für sich, die hier nicht in Betracht kommt. Wie sich der heute noch gültige Bestand in das System des preußischen evangelischen Landeskirchenrechtes einfügt, habe ich an anderer Stelle dargelegt.[2]) — Für die Frage der Einwirkung des neuen bürgerlichen Rechtes auf das besondere Kirchen-

---

[1]) Vgl. Begr. S. 226. [2]) Goßner, Preußisches evangelisches Kirchenrecht, Führer durch die Landeskirche der neun älteren Provinzen. — In Folgendem kann der Kürze halber für das bestehende Kirchenrecht auf die Ausführungen des Buches wiederholt einfach verwiesen werden; die wesentlich übereinstimmenden Vorschriften in den neuen Provinzen lassen sich leicht ergänzen.

recht bietet also das deutsche Einführungs- und das preußische Ausführungsgesetz zum B. G. B. eigentlich mehr Stoff, als letzteres selbst. Soweit jene Gesetze nicht entgegenstehen, werden aber die das preußische Kirchenrecht berührenden privatrechtlichen Vorschriften als beseitigt zu erachten sein, an deren Stelle das neue Reichsrecht tritt. Letzteres kennt, um das noch hervorzuheben, gewisse Bestimmungen, die also dem Kirchenrechte heute zwar nicht angehören, gleichwohl aber auch für dieses ein sonderliches Interesse beanspruchen, da das Kirchenrecht in seinen eigenen, selbständigen Ordnungen auf ihnen fußt, sich von ihnen abhängig macht.

Weiter hat aber über die eigentliche kirchenrechtliche Sphäre hinaus die Kirche ein Interesse daran, wie weit das B. G. B. neben juristisch-logischen und wirthschaftlichen Folgerungen wo es gilt, auch religiösen und sittlichen Forderungen gerecht wird; so wenn das Gesetz Rechtsbeziehungen gestaltet, vermöge deren die Einen in ein für ihre Lebensführung bedeutsames Abhängigkeitsverhältniß zu Anderen treten, einer unmittelbaren persönlichen Beeinflussung Anderer unterworfen werden.

Schließlich steht die Kirche, wie jede andere Person, im bürgerlichen Verkehr und überkommt in ihm Vermögensrechte und Pflichten. Um sie gehörig wahrnehmen und erfüllen zu können, haben die Kirche im Ganzen wie ihre selbständigen Gliederungen, namentlich die Kirchengemeinden, bezw. Diejenigen, welche nach den Ordnungen der Kirche zu ihrer Vertretung berufen sind, allen Anlaß, das neue Recht sorgfältig zu beachten. Daraufhin aber den ganzen einschlägigen Inhalt des Gesetzbuches darzulegen, würde weit über den Rahmen dieser Abhandlung hinausgehen. Es muß hier genügen, gewisse Grundzüge anzudeuten.

Bevor wir nach diesen allgemeinen Gesichtspunkten einen Streifzug durch das bürgerliche Gesetzbuch unternehmen, erscheinen einige einleitende Bemerkungen am Platze. Die Zuständigkeit des Reiches zum Erlaß von Gesetzen mit der Wirkung, daß diese allen Landesgesetzen vorgehen, beruht auf der Reichsverfassung.[1]) Erst durch ein Zusatzgesetz vom 20. Dez. 1873 aber wurde das sachliche Gebiet der Reichsgesetzgebung auf das gesammte bürgerliche Recht ausgedehnt. Schon im folgenden Jahre berief nun der Bundesrath zwecks Schaffung eines bürgerlichen Gesetzbuches eine Kommission von Juristen, die dann in dreizehnjähriger angestrengter Arbeit den „Entwurf erster Lesung" hergestellt haben. 1888 konnte derselbe nebst „Motiven" zur allgemeinen Beurtheilung veröffentlicht werden. An dieser hat es nicht gefehlt, die zahlreichen Gutachten sind im Drucke erschienen. Danach wurde in den Jahren 1891—1895 der genannte Entwurf durch eine zweite erheblich stärkere Kommission, der neben Juristen auch Vertreter von Verwaltung, Nationalökonomie, Landwirthschaft, Industrie und Handel angehörten, einer Umarbeitung

[1]) Reichsverfassung v. 1871 (R. G. Bl. S. 64) Art. 2.

unterzogen, die vielfach sachliche und namentlich auch sprachliche Verbesserungen zeitigte. Der so hergestellte „Entwurf zweiter Lesung“ gelangte nebst einer „Denkschrift“ als Gesetzesvorlage an den Reichstag. Eine Kommission des letzteren prüfte sie zunächst während der ersten Hälfte des Jahres 1896, am 1. Juli 1896 erfolgte in dritter Lesung des Reichstages die Annahme des Gesetzes mit großer Majorität; in demselben Monate noch gab der Bundesrath seine Zustimmung und im August 1896 folgte dann die Kaiserliche Vollziehung und Verkündigung im Reichsgesetzblatt. — So ward wenigstens auf privatrechtlichem Gebiete die deutsche Rechtseinheit, bisher nie gekannt, zur That. Wir Preußen müssen das mit besonderem Danke begrüßen, fehlt uns doch bisher allein für unseren Sonderstaat diese Einheit. In Preußen beherrschen bekanntlich — zahllose partikuläre Ordnungen ungerechnet — die einzelnen Landestheile (alte Provinzen, neuerworbene Gebiete, linksrheinisches Land) drei verschiedene allgemeine Rechte: das Allg. Landrecht v. 1794, das sog. gemeine Recht, d. i. das römische Recht, wie es in Deutschland Geltung erlangt hat, und das französische Recht (code civile). Diese Vielherrschaft erreicht ihr Ende. Das erstgenannte A. L. R. freilich enthält Privatrecht vornehmlich nur in den 23 Titeln des I. Theiles und in Tit. 1—6 sowie 16 Abschn. 1 und 18 von Th. II. Die übrigen Titel des letzteren Theiles behandeln das öffentliche Recht, das allerdings mit der Zeit eine weitgehende gesetzliche Fortbildung erfahren hat, und bleiben daher wesentlich unberührt.

Zugleich mit dem B. G. B. gelangte auch das bereits als besonders wichtig erwähnte deutsche Einführungsgesetz zur Annahme und Verkündigung. Es bestimmt zunächst, daß das B. G. B. am 1. Januar 1900 in Kraft treten soll,[1]) und giebt dann zur Ergänzung desselben einige bedeutsame allgemeine Grundsätze. Als Gesetz im Sinne des neuen Rechtes soll jede Rechtsnorm gelten.[2]) Nicht daß sie in der verfassungsmäßigen Gesetzesform entstanden, ist also erforderlich oder genügend, sondern daß materiell Rechtssatzung vorliegt. Dahin gehören auch die von der Kirche innerhalb ihrer Autonomie erlassenen Rechtsordnungen;[3]) ferner das ungeschriebene, das Gewohnheitsrecht, partikuläres Gewohnheitsrecht kann aber dem Reichsrecht gegenüber nur in Betracht kommen, soweit die landesrechtliche Zuständigkeit fortgilt. Soweit dies nach den bereits erwähnten Vorbehalten des Einführungsgesetzes der Fall ist, bleiben nicht nur die bestehenden landesrechtlichen Vorschriften in Kraft, sondern können auch neue erlassen werden.[4]) Endlich, soweit in Reichs- oder Landesgesetzen auf Vorschriften verwiesen ist, welche Bürgerl. Gesetzbuch und Einf. Gesetz außer Kraft setzen, treten an deren Stelle die entsprechenden Vorschriften der letzteren.[5]) Die Verweisung braucht nicht eine unmittel-

[1]) Art. 1. [2]) Art. 2. [3]) Vgl. Entsch. d. Reichsgerichts i. Civils. B. 23 S. 26ff. [4]) Art. 3, u. für das Uebergangsrecht Art. 218. [5]) Art. 4. Den gleichen Grundsatz s. A. G. Art. 87.

bare und ausdrückliche zu sein. Wenn z. B. in dem Kirchengesetz betr. die Anstellungsfähigkeit und die Vorbildung der Geistlichen v. 15. Aug. 1890 die Prüfungs- und Aufsichtszuständigkeit der Konsistorien durch den „Wohnsitz" der Kandidaten bestimmt wird,[1]) oder wenn nach dem Kirchengesetz betr. die Wittwen- und Waisenfürsorge v. 15. Juli 1889 „den ehelichen Kindern" von Geistlichen ein Anspruch zugebilligt ist,[2]) so sind diese Voraussetzungen nunmehr nach dem B. G. B. zu beurtheilen. Anders aber, wenn für ein Verhältniß, welches landesrechtlicher Regelung verbleibt, das frühere Recht nicht blos als das damals gemeine Privatrecht in Bezug genommen ist, sondern um sonderlich nach seinen Vorschriften jenes Verhältniß zu ordnen. — Abgesehen von diesen Grundsätzen enthält das Einführungsgesetz im Abschn. I noch das sog. internationale Privatrecht, die Bestimmung des maßgebenden Rechtes, wenn für ein Verhältniß In- und Ausland in Frage kommt.[3]) Von allgemeiner Bedeutung ist namentlich die Vorschrift, daß ein ausländisches Gesetz, welches danach an sich zuständig sein würde, gleichwohl ausgeschlossen ist, wenn seine Anwendung gegen die guten Sitten oder gegen den Zweck eines deutschen Gesetzes verstoßen würde.[4]) Abschn. II bestimmt das Verhältniß des B. G. B. zu anderen Reichsgesetzen, die in Kraft bleiben, soweit nicht das neue Recht ihre Aufhebung ausnahmsweise ergiebt.[5]) Unberührt bleibt also auch das Reichsgesetz v. 3. Juli 1869, nach dem die bürgerlichen und staatsbürgerlichen Rechte vom religiösen Bekenntnisse unabhängig sein sollen. Die nothwendigen Aenderungen einzelner Reichsgesetze sind besonders namhaft gemacht, so auch für das Gesetz über die Beurkundung des Personenstandes und die Eheschließung vom 6. Febr. 1875.[6]) Umgekehrt muß Abschn. III, der das Verhältniß des bürgerlichen Gesetzbuches zu den Landesgesetzen ordnet, die privatrechtlichen Vorschriften derselben grundsätzlich außer Kraft setzen, soweit das neue Recht nicht ein Anderes bestimmt.[7]) Die danach in erheblicher Zahl aufgeführten Vorbehalte halten namentlich das landesrechtliche Erbpacht-, Wasser-, Deich-, Berg-, Jagd-, Fischereirecht, die Vorschriften über Enteignung, Verkopplung von Grundstücken, Gemeinheitstheilung, Ablösung von Reallasten und Dienstbarkeiten aufrecht[8]) und sind im Uebrigen, soweit sie hier näher interessieren, später zu erörtern. Endlich Abschn. IV des E. G. enthält für die am 1. Januar 1900 bereits begründeten Rechtsverhältnisse Uebergangsbestimmungen, die im Einzelnen gleichfalls unten berührt werden müssen.

Die Neugestaltung des materiellen Rechtes ergab weiter auch die Nothwendigkeit, das mit diesem zusammenhängende gerichtliche Ver-

---

[1]) §§ 4, 10, 14 u. 17 des cit. Ges. [2]) § 1 des cit. Ges. [3]) Art. 7—31. [4]) Art. 30. Danach darf z. B. auch ein Mohamedaner eine zweite Ehe in Deutschland nicht eingehen. [5]) Art. 32. [6]) Art. 46. Das cit. Ges. in seiner neuen Fassung s. Goßner a. a. O. S. 416ff. [7]) Art. 55. [8]) Art. 63, 65, 66, 67, 69, 113—116.

fahren reichsrechtlich zu ordnen bezw. neu zu ordnen. Das Verfahren in streitigen Sachen ist bekanntlich schon seit zwei Jahrzenten in der Hauptsache einheitlich geregelt; Reichs-Gerichtsverfassungsgesetz, Civilprozeß- u. Konkurs-Ordnung haben nunmehr mannigfache Aenderungen erfahren. Weiter mußte aber auch ein Reichsgesetz über die Zwangsversteigerung und Zwangsverwaltung von Grundstücken nebst Einf. Gesetz und zur Regelung des Verfahrens in nichtstreitigen Sachen ein Reichsgesetz über die Angelegenheiten der freiwilligen Gerichtsbarkeit und eine Reichsgrundbuchordnung erlassen werden.[1]) Damit treten — von gewissen Ausnahmen abgesehen — die entsprechenden landesrechtlichen Vorschriften außer Kraft. — Andererseits müssen, um das in Geltung bleibende Recht mit dem neuen Reichsrecht in Einklang zu bringen, wiederum die Einzelstaaten, so namentlich Preußen, weitere Landesausführungsgesetze erlassen, wie das betreffs des B. G. B. schon angedeutet ist.[2]) Diese bieten zugleich willkommene Gelegenheit, auch das besondere Landesrecht weiter zu vereinheitlichen, und können nebenbei veraltete Vorschriften beseitigen.

Bei näherem Eingehen auf den Inhalt des bürgerlichen Gesetzbuches berührt zunächst Alle, die bislang aus dem preußischen A. L. R. als ihrer Privatrechtsquelle schöpften, die Vereinfachung des Systems und die größte Kürze wohlthuend. Das ganze Gesetzbuch zählt kaum mehr Paragraphen als der eine die Kirche angehende Tit. 11 Th. II des A. L. R. Entscheidend hierfür ist die verschiedene Stellung beider Gesetze, sofern das B. G. B. nur die Grundzüge des Rechts zeichnen will, in deren Anwendung auf das Leben die Rechtspflege Spielraum behält, das A. L. R. dagegen durch bis ins Einzelne gehende Vorschriften möglichst jedes Verhältniß von vornherein zu treffen suchte. Demgemäß konnte letzteres übrigens in seinem Ausdruck anschaulicher sein, so daß die naturgemäß mehr abstrakte Sprache des B. G. B. es an Gemeinverständlichkeit nicht immer erreicht. An Stelle des schwerfälligen Systems des A. L. R., das freilich durch die gedachte Mitumfassung auch des öffentlichen Rechtes erklärlich wird, bekennt sich das B. G. B. zu der in der Wissenschaft des gemeinen Rechtes herausgebildeten klaren und übersichtlichen Eintheilung. Es enthält in Buch I

---

[1]) Zur größeren Klarheit sind gemäß Ermächtigung durch Reichs-Ges. v. 17 Mai 1898 (R. G. Bl. S. 342) sowohl die abgeänderten Gesetze, als auch — wegen ihrer Verweisung auf diese — die neuerlassenen in der vom 1. Januar 1900 an geltenden Fassung neu bekannt gemacht. Siehe demgemäß R. G. Bl. 1898: Gerichtsverfassungsges. S. 371, Civilprozeßordnung S. 410, Konkursordnung S. 612, Zwangsversteigerungsges. S. 713, Grundbuchordnung S. 754, Ges. betr. die freiwillige Gerichtsbarkeit S. 771. — Die allg. Grundsätze des E. G. (S. 6) u. seine Vorbehalte des Landesrechts gelten auch für das Verfahren (E. G. z. Zw.-G. §§ 1 f., Grundb.-O. §§ 82 f., G. betr. freiw. Ger. §§ 185 u. 189).

[2]) Ausf.-Ges. z. B. G. B. v. 20. 9. 99 (G. S. S. 177), z. C.-P.-O.-Aenderung v. 22. 9. 99 (S. 294), z. Zw.-Ges. v. 23. 9. 99 (S. 291), z. Grundb.-O. v. 26. 9. 99 (S. 307), z. R. G. betr. freiw. Ger. v. 21. 9. 99 (S. 249). — Das Verweisungsprincip (oben S. 6 f.) gilt auch hier (A. G. v. 21. 9. Art. 87, v. 23. 9. Art. 47, v. 26. 9. Art. 32, v. 21. 9. Art. 138).

zunächst einen „Allgemeinen Theil", der von Personen und Sachen handelt, von den auf einen Rechtserfolg abzielenden Willenserklärungen Jener, d. i. den Rechtsgeschäften, von der Berechnung der Termine und Fristen, von der Verjährung, bei der dieselben besonders wichtig werden, schließlich von Ausübung und Sicherung der Rechte, wobei übereinstimmend mit dem bisherigen preuß. Rechte Schikane (bloße Rechtsausübung zwecks Schädigung eines Andern) verboten[1]) und unter Umständen Selbsthülfe und Selbstvertheidigung in Nothwehr und Nothstand zugelassen wird. Buch II behandelt das „Recht der Schuldverhältnisse", giebt in einigen Abschnitten zunächst allgemeine Vorschriften über Begründung, Inhalt, Erlöschen und Uebertragung, um dann eine Reihe einzelner Schuldverhältnisse zu erörtern, deren einige uns näher beschäftigen werden. Sind, wie erwähnt, schon im ersten Buche allgemeine Bestimmungen über Sachen verordnet, so enthält Buch III im Besonderen das „Sachenrecht". Es giebt zwar auch gewisse gemeinsame Vorschriften, trennt aber in der Hauptsache die Ordnung der beweglichen und unbeweglichen Sachen und fordert namentlich für letztere seitens der kirchlichen Vermögensverwaltung Beachtung. Besonderes Interesse beansprucht aber Buch IV, welches das „Familienrecht" (Ehe, Verwandtschaft insbes. Verhältniß von Eltern und Kindern, Vormundschaft) behandelt. In Buch V endlich ist das „Erbrecht" zusammengefaßt.

An der Spitze seiner Erörterungen stellt der **Allgemeine Theil** des B. G. B. den Menschen, mit dem ja auch die Kirche zu schaffen hat. Betrachtet diese ihn in seinen religiös-sittlichen Pflichten, so interessirt das Gesetz seine Fähigkeit bürgerliche Rechte und Pflichten zu haben. Diese Rechtsfähigkeit erkennt das neue Recht jedem Menschen von Vollendung der Geburt bis zum Tode zu. Die Ausnahme des preuß. Rechtes, wonach Mönche und Nonnen nach abgelegtem Klostergelübde als bürgerlich tot gelten, ist damit beseitigt,[2]) doch läßt das E. G. immerhin eine gewisse landesrechtliche Beschränkung der Vermögensfähigkeit zu für Mitglieder religiöser Orden und ordensähnlicher Kongregationen, die ein Gelübde auf Lebenszeit oder auf unbestimmte Dauer abgelegt haben, sofern der Erwerb von Schenkungen und von Todeswegen staatlicher Genehmigung vorbehalten werden kann.[3]) Von der Rechtsfähigkeit, die Jeder besitzt, ist zu unterscheiden die Geschäftsfähigkeit, d. i. die Fähigkeit zur wirksamen Vornahme von Rechtsgeschäften. Volle Geschäftsfähigkeit erlangt der Mensch erst mit der Volljährigkeit, die dem bisherigen preuß. Rechte entsprechend mit vollendetem 21. Lebensjahre eintritt, oder mit der schon vom 18. Lebens-

---

[1]) § 226. [2]) Es handelt sich hier um die schon angedeutete Vorschrift in Tit. 11 Th. II A. L. R. (§§ 1199—1209), die das A. G. § 89 ausdrücklich aufhebt. [3]) Art. 88.

jahre an möglichen Volljährigkeitserklärung.[1]) Auch ein Volljähriger entbehrt aber der Geschäftsfähigkeit, wenn er entmündigt ist. Das kann wie bisher wegen Geisteskrankheit und Geistesschwäche, die besonders unterschieden wird, und wegen Verschwendung geschehen. Neu ist aber, daß auch Trunksucht einen Grund zur Entmündigung bietet, wenn Jemand in Folge dieses Lasters seine Angelegenheiten nicht zu besorgen vermag, sich oder seine Familie der Gefahr des Nothstandes aussetzt oder die Sicherheit Anderer gefährdet.[2]) Das Verfahren regelt sich nach der Civilproceßordnung. Der Entmündigungsantrag kann danach vom Ehegatten oder von Verwandten gestellt werden, gegen eine Ehefrau aber von letzteren nur bei Vorhandensein gewisser Hindernisse in der Person des ersteren; landesrechtlich kann auch Gemeinde und Armenverband antragsberechtigt sein.[3]) Der entmündigte Trinker wird unter Vormundschaft gestellt, die auch schon nach der Antragstellung und vor Beendigung des gewöhnlich nicht ganz schnellen Verfahrens vorläufig eingeleitet werden kann.[4]) Der Vormund kann die Unterbringung in einer Trinkerheilanstalt veranlassen. Im Anschluß hieran mag auch dieses sogleich erwähnt werden. Wer im Zustande der Bewußtlosigkeit oder einer Geistesstörung, die seine freie Willensbestimmung ausschließt, einen anderen schädigt, ist hierfür nicht verantwortlich. Hat er sich jedoch in einem vorübergehenden Zustand dieser Art durch geistige Getränke oder ähnliche Mittel (z. B. Morphiumgenuß) versetzt, so wird ihm für die Vertretung widerrechtlicher Schädigung Fahrlässigkeit zugerechnet.[5])

Für die Rechtslage des Menschen wichtig ist die Frage seines Wohnsitzes. Abweichend vom A. L. R. enthält daher das B. G. B. Vorschriften über Begründung und Aufhebung desselben.[6]) Erstere geschieht durch beständige Niederlassung an einem oder mehreren Orten, letztere durch Aufhebung der Niederlassung mit dem Willen sie aufzugeben. Neben diesem freiwilligen wird ferner ein nothwendiger Wohnsitz der Ehefrau und der Kinder bestimmt. Jene theilt, mag sie sich auch an einem anderen Orte niederlassen, rechtlich den Wohnsitz des Mannes; ebenso theilen eheliche Kinder den Wohnsitz des Vaters, uneheliche den der Mutter, bis sie ihn aufheben, was aber vor erreichter Volljährigkeit nicht ohne den Willen des gesetzlichen Vertreters geschehen kann. Wie diese Vorschriften auch für die kirchliche Ordnung erheblich sein können, ist schon in einem Beispiel gezeigt. Es gilt das namentlich aber für die Hauptfrage der Zugehörigkeit zur Landeskirche und ihrer einzelnen Kreise. Hierfür ist neben dem konfessionellen Momente überall Wohnsitz im Bezirke Voraussetzung. Wenn aber neben der grundlegenden Verweisung auf denselben für die Parochialangehörigkeit im

---

[1]) §§ 2—5. [2]) §§ 6[3], 114, vgl. auch 1780, 1865, 2229 u. 2253. R. G. über freiw. Ger. § 52. — In Preußen ist antragsberechtigt der fürsorgepflichtige Armenverband, Art. 1 Nr. III Ausf.=G. vom 22. Sept. 1899 (S. 8 A. 2).
[3]) C. P. O. § 680. [4]) §§ 1896 u. 1906. [5]) § 827. [6]) §§ 7—11.

A. L. R. einzelne weitere Bestimmungen[1]) gegeben werden, die nicht bloß als Anwendung des privatrechtlichen Wohnungsprincips, sondern als öffentlich rechtliche Sonderordnung erscheinen, so bleiben diese nach den dargelegten Grundsätzen unberührt. Sie entsprechen übrigens betr. der Eltern und Kinder wesentlich den obigen Vorschriften des B. G. B.; für Gesinde, Gesellen und Lehrlinge bestimmt sich die Parochie durch den Wohnort von Herrschaft und Lehrherrn, während Wohnsitz durch dieses Verhältniß an sich nicht begründet wird.[2])

Der Mensch, an dessen Behandlung im B. G. B. die vorstehenden Ausführungen zu knüpfen waren, wird im Hinblick auf seine Rechtsfähigkeit „Person" genannt. Er ist die „natürliche Person". Das Gesetz kennt aber andere Wesen, denen es Rechtsfähigkeit beilegt, und nennt sie zum Unterschiede „juristische Personen". Sie sind auch dem bisherigen Rechte nicht unbekannt; das A. L. R. insonderheit behandelt sie allgemein in Th. II Tit. 6. Das B. G. B. unterscheidet schärfer zwischen den verschiedenen Gattungen. Juristische Personen können einmal gewisse Gesellschaften von Menschen sein, dergestalt daß der Verein als solcher, unabhängig von seinen Mitgliedern, als Rechtssubjekt gilt; andererseits auch bloße Stiftungszwecke, deren Erfüllung ein bestimmtes Vermögen gewidmet ist. Das Gesetz trennt daher „Vereine" und „Stiftungen". Betreffs der vor Allem bedeutsamen Frage, wie erstere zur Rechtsfähigkeit gelangen, weicht das B. G. B. sehr erheblich von dem bisherigen Preußischen Rechte ab. Nach diesem hängt der Erwerb neben dem gesetzlichen Erfordernisse eines fortdauernden gemeinnützigen Zweckes von staatlicher Genehmigung ab.[3]) Dagegen unterscheidet das B. G. B., ob der Vereinszweck auf einen Wirtschaftsbetrieb gerichtet ist oder nicht. Für Vereine ersterer Art besteht schon seither durch spezielle Reichsgesetzgebung[4]) vielfach die Möglichkeit, Rechtspersönlichkeit ohne einen Staatsverwaltungsakt zu erwerben. Wirthschaftliche Vereine, die sich nicht einer der so gebotenen Formen bedienen wollen, erlangen auch künftig juristische Persönlichkeit nur durch staatliche Verleihung.[5]) Hier interessiren aber mehr die sog. idealen Vereine, die also nicht auf einen wirthschaftlichen, sondern z. B. auf einen gemeinnützigen, wissenschaftlichen, künstlerischen, geselligen, wohlthätigen, politischen und besonders auch religiösen Zweck gerichtet sind. Sie erwerben fortan Rechtsfähigkeit allein durch Eintragung in das öffentliche Vereinsregister des Amtsgerichtes. Die Zuständigkeit des letzteren ergiebt sich

---

[1]) § 260 A. L. R. II 11 u. §§ 262—276 (Goßner a. a. O. S. 212 u. 214 f.). [2]) Vgl. A. G. Art. 14. [3]) § 25 A. L. R. II, 6. [4]) Handelsgesetzbuch (Aktiengesellschaften), R. G. v. 1 Mai 1889 (Erwerbs- u. Wirthschaftsgenossenschaften), R. G. v. 20 Apr. 1892 (Gesellschaft mit beschränkter Haftung), R. G. v. 7 April 1876 u. 1 Juni 1884 (eingetragene Hülfskassen) u. s. w. [5]) § 22. Zur Ergänzung der reichsgesetzlichen Ordnung wird die Behördenzuständigkeit hier wie im Uebrigen in Preußen durch weitere Königl. Verordnung zu erfolgen haben.

durch den Sitz des Vereines.[1]) Die Anmeldung zur Eintragung, nach welcher dieser neben seinem Namen den Zusatz „eingetragener Verein" führt, ist durch das Gesetz näher geordnet.[2]) Insbesondere ist auch die Vereinssatzung vorzulegen. Sie bestimmt die Verfassung des Vereins. Die besonderen gesetzlichen Vorschriften, welche das B. G. B. für letztere giebt[3]), haben nur zum Theil zwingende, eine Abweichung der Satzung also ausschließende, im Uebrigen nur ergänzende Bedeutung.[4]) — Durch eine Anmeldung, die in sachlicher und formaler Beziehung dem Gesetze genügt,[5]) kann also der ideale Verein ohne Weiteres Rechtsfähigkeit in Anspruch nehmen. Gebührt dem Staate Verleihung nicht, so ist aber gleichwohl eine gewisse Einflußnahme desselben im Hinblick auf die Gefahren des Vereinswesens zugelassen. Die zuständige Staatsverwaltungsbehörde, der das Amtsgericht jede Anmeldung mitzutheilen hat, kann binnen bestimmter Frist gegen die Eintragung Einspruch erheben, wenn der Verein nach dem öffentlichen Vereinsrecht[6]) unerlaubt ist oder verboten werden kann, oder wenn er einen politischen, sozialpolitischen oder religiösen Zweck verfolgt. Diese Verwaltungsmaßregel unterliegt aber der Rechtskontrolle, der Vereinsvorstand kann den Einspruch im Verwaltungsstreitverfahren anfechten.[7]) Verfolgt der Verein hinterher einen der genannten Zwecke, den er laut Satzung nicht haben soll, so kann ihm auch nach Eintragung im Verwaltungswege die Rechtsfähigkeit wieder entzogen werden, desgleichen wenn er durch gesetzwidriges Verhalten das Gemeinwohl gefährdet, oder wenn der ideale Verein später einen wirthschaftlichen Zweck verfolgt.[8]) Auch der alte Grundsatz tres faciunt collegium behauptet, wenn schon zur Eintragungsfähigkeit darüber hinaus, Mitglieder gefordert werden,[9]) doch insofern seine Geltung als dem eingetragenen Vereine beim Sinken der Mitgliederzahl unter 3 durch Beschluß des Amtsgerichts gleichfalls die Rechtsfähigkeit zu entziehen ist.[10]) Im Falle der Entziehung wird der Verein eine bloße Gesellschaft, so daß Rechte und Pflichten derselben Rechte und Pflichten der einzelnen Mitglieder sind.[11]) Der Verein kann aber auch ganz aufgelöst werden, einmal durch Beschluß der Mitgliederversammlung, welchen Fall das B. G. B. allein erwähnt,[12]) andererseits aber auch auf Grund des öffentlichen Rechts.

Die zweite Gattung der juristischen Person, die Stiftungen, erlangen Rechtsfähigkeit auch nach dem B. G. B. nur durch staatliche Genehmigung

---

[1]) §§ 55, 64—66 u. 79 (s. auch §§ 67—70). [2]) §§ 59 u. 77, R. G. über freiw. Gerichtsb. § 159. [3]) §§ 25—40 u. 57 f. Wennschon die ersteren auch für Vereine gelten, deren Rechtsfähigkeit auf staatlicher Verleihung beruht, so bleibt doch, soweit sie solche schon vor dem 1. Jan. 1900 erlangt haben, das bisherige Recht (§§ 26 A. L. R. II, 6) in Kraft, E. G. §§ 83 u. 163, A. G. § 89. [4]) § 40. [5]) Andernfalls lehnt das Amtsgericht die Eintragung ab, wogegen sofortige Beschwerde nach C. P. O. § 577 zuläßig ist, § 60. [6]) Vgl. Verord. v. 11. März 1875. [7]) §§ 61—63. Landesverw.-Gesetz vom 30. Juli 1883. [8]) §§ 43 f. [9]) § 56. [10]) § 73. Der Vorstand hat auf Verlangen dem Gericht sein Mitgliederverzeichniß einzureichen, § 72. [11]) §§ 54 u. 705—740. [12]) § 41.

auf Grund eines Stiftungsgeschäftes, das als Verfügung unter Lebenden schriftlicher Form bedarf, als Verfügung von Todeswegen den allgemeinen Vorschriften über diese unterliegt. Für letztere hat übrigens, sofern der Erbe oder Testamentsvollstrecker sie nicht nachsucht, das Nachlaßgericht von Amtswegen die Genehmigung einzuholen. Auch die Stiftung kann aufgehoben oder ihr eine andere der Absicht des Stifters thunlichst entsprechende Zweckbestimmung gegeben werden, wenn sie das Gemeinwohl gefährdet, oder der Stiftungszweck unmöglich wird.[1])

Der Rechtsfähigkeit bedarf für ihr äußeres Dasein auch die Kirche, sei es, daß sie als Stiftung (Anstalt) erscheint, sei es als Gesellschaft, wie wesentlich die Preuß. ev. Landeskirche. Sie wie ihre Einzelbildungen (Provinzial-, Kreis-, Parochialverbände, Kirchengemeinden) sind juristische Personen.[2]) Gleich dem Fiskus und seinen Kommunalverbänden sind sie indessen Korporationen des öffentlichen Rechtes und werden als solche von dem B. G. B., das nur die privatrechtlichen Vereine und Stiftungen behandelt, nicht berührt. Auch für Religionsgesellschaften aber, die nicht solche öffentlichrechtliche Personen sind, kommen die dargelegten neuen Grundsätze nicht in Betracht: denn laut E. G.[3]) behält es bei Art. 13 der Preuß. Verfassungsurkunde v. 31. Jan. 1850 sein Bewenden, wonach Religions- sowie geistliche Gesellschaften Korporationsrechte nur durch besondere Gesetze erlangen können. Bleibt somit betreffs der religionsgesellschaftlichen Bildung Alles beim Alten, so haben die mitgetheilten Neuerungen doch auch für die Kirche ihre große Bedeutung. Erwachsen doch auch auf ihrem Boden täglich mannigfache Vereine, die, ohne Religionsgesellschaften zu sein, religiöse und kirchenfördernde Zwecke verfolgen, so namentlich die Vereine der Innern Mission, Jünglings-, Jungfrauenvereine, Vereine für Jugendunterricht auf religiöser Grundlage u. s. w. Ihnen wird es willkommen sein und der Kirche frommen, wenn sie von der leichteren Möglichkeit des neuen Gesetzes zum Erwerbe juristischer Persönlichkeit Gebrauch machen können. Damit erst erhalten sie meist für die Erfüllung ihrer Aufgaben die nöthige Bewegungsfreiheit, können insbesondere freigiebig bedacht werden, grundbuchliche Rechte erwerben und vor Allem ihren Kredit ausnutzen.

Wenn das B. G. B., wie gesagt, grundsätzlich nur die privatrechtlichen juristischen Personen ordnet, so enthält es eine Sondervorschrift doch auch für die Körperschaften, Stiftungen, Anstalten des öffentlichen Rechts, so auch die kirchlichen. Wie jene, so werden auch die letzteren für den Schaden verantwortlich gemacht, den ein verfassungsmäßig berufener Vertreter durch eine in Ausführung der ihm zustehenden Verrichtungen (also nicht bloß bei Gelegenheit derselben) begangene, zum Schadenersatze verpflichtende Handlung einem Dritten zufügt.[4]) Diese Haftung der öffentlichen Verbände für Handlungen und

---

[1]) §§ 80 ff. A. G. Art. 1 § 2 u. Art 4. [2]) Goßner a. a. O. S. 452 u. S. 8. [3]) Art. 84. [4]) § 89.

Unterlassungen ihrer verwaltungsführenden Beamten gilt aber nur, soweit diese die anvertrauten privatrechtlichen Verrichtungen versehen, nicht wenn sie in Ausübung ihrer öffentlichen Gewalt Dritte schädigen. Hier bleiben laut E. G.[1]) die landesgesetzlichen Vorschriften unberührt, die für Preußen eine solche Haftung im Allgemeinen nicht kennen. Ihre Geltung behalten auch die Bestimmungen, die vor Inanspruchnahme eines Beamten die Vorentscheidung der Verwaltungsbehörde fordern.[2]) Wie für gewisse natürliche Personen bestimmte Beschränkungen der Rechtsfähigkeit reichsgesetzlich zugelassen sind (S. 9), so auch für juristische Personen allgemein. Nach E. G.[3]) bleibt das Landesrecht, das den Erwerb von Rechten durch diese Personen beschränkt oder von staatlicher Genehmigung abhängig macht, unberührt, insoweit es Gegenstände im Werthe von mehr als 5000 M. betrifft. Durch diese Höherrückung der Grenze und auch sonst beeinflußt das Reichsrecht das gerade der Kirche wohlbekannte Preuß. Gesetz v. 23 Febr. 1870, das eine bezügliche Beschränkung enthält. Letzteres soll daher formell aufgehoben und durch entsprechende Vorschriften des A. G.[4]) ersetzt werden, die nunmehr die Frage einheitlich für den ganzen Staat ordnen, also auch für Helgoland, wo jenes Gesetz bisher nicht galt. Da schon nach Reichsrecht der Erwerb der Rechtsfähigkeit geordnet, andererseits die Summenbegrenzung unbedingt maßgebend ist, mag es sich um Zuwendungen zu einem bestehenden oder neuen Zwecke handeln, so braucht die preuß. Neuregelung nur nach Schenkungen und Zuwendungen von Todeswegen an (in- oder ausländische) juristische Personen im Werthe von mehr als 5000 M. ins Auge zu fassen. Für diese wird an Königlicher Genehmigung, die aber auch einer Behörde delegirt werden kann, festgehalten. Bei jener Werthsberechnung sind wiederkehrende Leistungen fortan, dem neuen reichsgesetzlichen Zinsfuße[5]) entsprechend, mit 4% zum Kapital zu rechnen. Die Rückwirkung der Genehmigung ist für Zuwendungen von Todeswegen reichsgesetzlich geregelt.[6]) Bis zur Entscheidung ist die Auseinandersetzung ausgeschlossen. Wird die Genehmigung ertheilt, so gilt sie als vor dem Erbfall geschehen, so daß eventl. nicht etwa ein gesetzlicher Erbe als Vorerbe eintritt; wird sie verweigert, so gilt die juristische Person betreffs des Anfalls als nicht vorhanden. — Im Anschluß an die gedachte Neuordnung setzt das preuß. A. G. auch für den Erwerb von Grundstückseigenthum seitens juristischer Personen an Stelle der bisherigen zahlreichen Sondervorschriften[7]) eine einheitliche Regel. Danach bedürfen insbesondere juristische Personen, die in Preußen ihren Sitz haben, demgemäß auch die landeskirchlichen Körperschaften, zum Grundstückserwerbe

---

[1]) Art. 77. [2]) G. 13 Febr. 1854 (Goßner S. 55). [3]) Art. 86. [4]) A. G. Art. 6. [5]) § 246, s. auch A. G. Art. 10. [6]) Art. 86 Satz 2. [7]) Für die Kirche z. B. Ges. 3 Juni 1876 Art. 24 [1] in Altpreußen u. übereinstimmende Vorschriften in den neuen Provinzen.

und noch bei Werth von mehr als 5000 M. der Genehmigung der staatlichen Aufsichtsbehörde. Doch ist diese nicht mehr nöthig, wenn der Erwerb auf Grund einer genehmigten Schenkung oder Zuwendung von Todeswegen geschieht.[1]) Unberührt bleiben die Bestimmungen über das Erforderniß staatlicher Genehmigung zur Veräußerung oder Belastung von Grundeigenthum.[2])

Bei Auflösung oder Rechtsfähigkeitsverlust von Vereinen oder Erlöschen von Stiftungen fällt das Vermögen unter Umständen dem Fiskus zu.[3]) Wenn das E. G. dem Landesrechte Ersetzung des Fiskus durch eine Körperschaft, Stiftung oder Anstalt des öffentlichen Rechtes gestattet,[4]) so bleibt dieser Vorbehalt für Preußen ohne Bedeutung. Indessen wird jedenfalls die gesetzliche Sonderregelung über das Vermögen erloschener Parochien[5]) als öffentliche Ordnung unberührt gelassen.

Neben dem Personenrechte, auf das wegen seines erheblichen Interesses auch für die Kirche vorstehend näher einzugehen war, bleibt aus dem ersten Theile des B. G. B. nur noch Weniges hervorzuheben. Eine wichtige Neuerung von allgemeiner Bedeutung ist wenigstens für das landrechtliche Gebiet Preußens, in dem bisher Verträge über 150 M. der Schriftform bedurften, die grundsätzliche Formfreiheit der Rechtsgeschäfte, von der es allerdings gewisse Ausnahmen giebt. Weiter erklärt das Gesetz jedes gegen die guten Sitten verstoßende Rechtsgeschäft für nichtig, wobei es sich besonders gegen den Wucher wendet, der fortan stets, nicht blos bei gewohnheitsmäßiger Uebung Nichtigkeit zur Folge hat.[6]) Wegen Unsittlichkeit nichtig sind demgemäß auch Verträge, welche die Gewissensfreiheit einschränken, Versprechen der Religionsbestimmung u. s. w. Dem Streben nach Sonntagsruhe trägt auch das B. G. B. Rechnung, indem es Termine oder Fristen für eine Willenserklärung oder Leistung, wenn sie auf einen Sonn- oder am Orte anerkannten allgemeinen Feiertag fallen, auf den nächstfolgenden Werktag verlegt.[7]) — Die kirchliche Vermögensverwaltung ist betheiligt an der Verjährung. Der erlöschenden Verjährung, die das B. G. B. im Gegensatze zum A. L. R. von der Ersitzung trennt, unterliegt der Anspruch, d. i. das Recht von einem Andern ein Thun oder Unterlassen zu verlangen.[8]) Ansprüche aus grundbuchlich eingetragenen Rechten, soweit sie nicht bloß auf Rückstände wiederkehrender Leistungen oder Schadensersatz gerichtet sind, verjähren indessen nicht.[9]) Die regelmäßige Verjährungsfrist beträgt 30 Jahre.[10]) Wenn bisher z. B. nach dem A. L. R. gleich dem Fiskus auch für die Kirche das Privileg bestand, daß Verjährung ihrer Ansprüche und ebenso Ersitzung

[1]) A. G. Art. 7. [2]) Begr. S. 12. [3]) §§ 45, 64 u. 88, A. G. Art. 5. [4]) Art. 85. [5]) G. 13 Mai 1833 (Goßner S. 217). [6]) § 138. Wegen Unverbindlichkeit der Spiel- und Wettschulden s. §§ 762ff. [7]) § 193 s. auch § 17 R. G. über freiw. Ger. [8]) § 194. [9]) § 902. [10]) § 195, s. aber § 206.

gegen sie nur in 44 Jahren vollendet werden konnte, so fällt diese privatrechtliche Vorschrift fort. Auch auf die am 1. Jan. 1900 bereits laufende Verjährung finden die neuen Vorschriften Anwendung, doch bestimmen sich Beginn, Hemmung und Unterbrechung für die Zeit vor jenem Tage nach dem bisherigen Rechte; und die neue kürzere Frist wird erst von diesem Tage an gerechnet, soweit nicht die ältere Frist danach noch eher abläuft.[1]) Neben der langen kennt das B. G. B. für eine Reihe von Ansprüchen auch kürzere Verjährungsfristen, so besonders für die Forderungen des täglichen Verkehrs.[2]) Es folgt hier im Ganzen den bisherigen Landesgesetzen. In Preußen werden unter formeller Aufhebung derselben,[3]) so des bekannten Gesetzes v. 31. März 1838, einige Bestimmungen, welche das B. G. B. nicht nennt, die aber in Folge ihrer öffentlich rechtlichen Natur oder eines Vorbehaltes zum Reichsrecht unberührt bleiben, durch das A. G. erneuert. So verjähren insbesondere in 4 Jahren die Ansprüche der Kirche, der Geistlichen und der sonstigen Kirchenbeamten wegen der Gebühren für kirchliche Handlungen. Auch auf diese Verjährung finden die Vorschriften des B. G. B. und der gedachten Uebergangsbestimmung Anwendung, doch so, daß sie mit dem Schlusse des Jahres, in dem die Gebühren fällig werden, und bei Unterbrechung von neuem nicht vor Schluß des Jahres beginnt, in welchem die Unterbrechung endigt.[4]) Betreffs der öffentlichen Abgaben, so auch derjenigen an die Kirche, bleibt das bestehende Landesrecht in Geltung, namentlich das Gesetz über die Verjährungsfristen v. 18. Juni 1840.[5]) Nach dem B. G. B. ist übrigens eine Ausschließung oder Erschwerung der Verjährung im Allgemeinen ausgeschlossen und nur die (formlose) Erleichterung zulässig.[6])

Aus dem Rechte der **Schuldverhältnisse**, das im Allgemeinen die bisherigen Gesetze aber erst für die nach dem 1. Jan. 1900 entstehenden Verhältnisse verdrängt,[7]) kommen die wichtigen allgemeinen Grundsätze nicht nur für privatrechtliche Verhältnisse, sondern eventl. auch für solche in Frage, die dem öffentlichen Rechte entspringen. Wenn aber nach dem B. G. B. der Schuldner Geld an den Wohnsitz des Gläubigers zu übermitteln hat,[8]) so bleibt doch einem reichsgesetzlichen Vorbehalte entsprechend die preuß. Ordnung erhalten, daß Zahlungen aus öffentlichen Kassen bei diesen in Empfang zu nehmen sind, so daß eine Uebersendung auf Gefahr und Kosten des Gläubigers geht.[9])

Unter den einzelnen Schuldverhältnissen sei zunächst der Schenkung, die als Einnahmequelle für die Kirche eine gewisse Rolle spielt, gedacht und an die öffentlich rechtliche Beschränkung erinnert, der dieselbe

---

[1]) Art. 169, ebenso betr. Ersitzung Art. 185. [2]) §§ 196 f. [3]) A. G. Art. 89 Nr. 7 ff. [4]) A. G. Art. 8 §§ 1 [1] u. 2. [5]) Desgl. die §§ 655—659 A. L. R. I, 9 A. G. Art. 9 über die Verjährung öffentl. Ansprüche. [6]) § 225. [7]) Art. 170. [8]) § 270. [9]) Art. 92, A. G. Art. 11.

auch künftig unterworfen bleibt (S. 14). Das Schenkungsversprechen bedarf zu seiner Gültigkeit der gerichtlichen oder notariellen Form. Doch wird durch Bewirkung der Leistung (Uebergabe, Auflassung) ein Formmangel sogleich geheilt.[1]) Die Annahme kann formlos geschehen. Weiter sind Miethe und Pacht hervorzuheben, durch deren Hülfe die Kirche vornehmlich ihren Grundbesitz verwerthet. Durch den Miethsvertrag wird der Gebrauch, durch den Pachtvertrag daneben auch der Genuß der Früchte gewährt, soweit sie nach den Regeln einer ordnungsmäßigen Wirtschaft als Ertrag anzusehen sind.[2]) Für Verträge über Grundstücke, denen Wohn- und andere Räume gleichstehen,[3]) sind besonders folgende Normen zu beachten. Der Miethszins wird je nach dem Ablauf eines Kalenderjahres, der Pachtzins nach dem Ablauf eines Pachtjahres am folgenden ersten Werktage entrichtet. Nichtzahlung an zwei auf einander folgenden Terminen berechtigt zur fristlosen Kündigung.[4]) Ist der Vertrag auf unbestimmte Zeit geschlossen, so ist die Miethe nur für den Schluß des Kalendervierteljahres, spätestens am 3. Werktage desselben, die Pacht nur für den Schluß des Pachtjahres, spätestens am ersten Werktage der letzten Hälfte kündbar.[5]) Ein für länger als ein Jahr geschlossener Vertrag bedarf der Schriftform, sonst gilt er — und zwar auch vor Uebergabe — auf unbestimmte Zeit; doch ist Kündigung erst für Schluß des ersten Jahres zulässig.[6]) Fortsetzung des Verhältnisses nach Ablauf der bestimmten Zeit oder der Kündigungsfrist gilt als Verlängerung auf unbestimmte Zeit, sofern nicht eine andere Absicht binnen zwei Wochen dem andern Theile kundgegeben wird.[7]) Der Pächter eines landwirthschaftlichen Grundstücks darf ohne Erlaubniß über die Pachtzeit hinaus erhebliche Aenderungen in der wirthschaftlichen Bestimmung nicht vornehmen.[8]) Vertragswidriger Gebrauch ungeachtet der Abmahnung des Vermiethers oder Verpächters berechtigt diese zur Klage auf Unterlassung bezw. zur fristlosen Kündigung.[9]) Beide haben ein gesetzlich näher bestimmtes Pfandrecht.[10]) Ein am 1. Jan. 1900 bestehendes Mieth- oder Pachtverhältniß bestimmt sich, wenn nicht die Kündigung danach für den ersten nach dem bisherigen Rechte zulässigen Termin erfolgt, von da ab nach den Vorschriften des B. G. B.[11])

Bemerkenswerth ist auch der Dienstvertrag, wegen der sozialen Rücksichten, die er walten läßt. Er hat zum Gegenstande die Leistung persönlicher Dienste gegen Vergütung[12]) und findet auf höhere ebenso wie auf niedere, auf geistige wie körperliche Arbeit Anwendung. Damit werden auch die besonderen Vorschriften des A. L. R. über Hausoffizianten, Erzieher und Erzieherinnen hinfällig.[13]) Neben sonstiger

---

[1]) § 518. [2]) §§ 535 u. 581. [3]) § 580. [4]) §§ 551 u. 584, 554 u. 581 Abs. 2. [5]) §§ 565, 595. [6]) §§ 566 u. 581 Abs. 2. [7]) §§ 568 u. 581 Abs. 2. [8]) § 583. [9]) §§ 550, 553 u. 581 Abs. 2. [10]) §§ 559—562 u. 585, auch 1257. [11]) Art. 171. [12]) § 611. [13]) §§ 177—195 A. L. R. II, 5; A. G. Art. 89.

Berücksichtigung des wirthschaftlich Schwächeren[1]) ist hier vor Allem zu betonen, daß der Dienstherr für die in die häusliche Gemeinschaft aufgenommenen Verpflichteten in Ansehung des Wohn- und Schlafraumes, der Verpflegung, der Arbeits- und Erholungszeit diejenigen Einrichtungen und Anordnungen zu treffen hat, welche mit Rücksicht auf Gesundheit, Sittlichkeit und Religion des Verpflichteten erforderlich sind;[2]) und diese Verpflichtung darf im Voraus, d. h. vor Beendigung des Dienstverhältnisses vertragsmäßig nicht beseitigt oder beschränkt werden.[3]) Die Vorschrift gilt auch zu Gunsten des Gesindes, während im Allgemeinen betreffs des Letzteren die landesrechtlichen Bestimmungen, so die preuß. Gesindeordnung vom 8. November 1810, erhalten bleiben; doch ist ein Züchtigungsrecht gegenüber dem Gesinde reichsrechtlich ausgeschlossen.[4]) Der Dienstvertrag interessirt übrigens noch nach einer anderen Richtung, wegen der Aehnlichkeit des Beamtenverhältnisses. Dieses gehört zwar dem öffentlichen Rechte an, hat aber auch eine privatrechtliche Seite, namentlich betreffs des Gehaltsanspruchs. Indessen ist mit der schärferen Scheidung des öffentlichen und privaten Rechts in neuerer Zeit herausgestellt, daß es sich auch insoweit nicht um eine Forderung aus privatrechtlichem Vertrage handelt.[5]) Demgemäß bleiben, soweit nicht vom B. G. B. besondere Bestimmungen getroffen sind, die landesgesetzlichen Vorschriften über die vermögensrechtlichen Ansprüche und Verbindlichkeiten der Beamten, Geistlichen und öffentlichen Lehrer aus dem Amts- und Dienstverhältniß, unberührt mit Einschluß der Ansprüche, der Hinterbliebenen.[6]) Auch wer die Letzteren sind, bestimmt sich nach Landesrecht, betreffs der landeskirchlichen Geistlichen also nach den Kirchen- und Staatsgesetzen betr. die Hinterbliebenenfürsorge, die u. A. auch den Kirchenbehörden unter Ausschluß des Rechtsweges die Bestimmung der Zahlungsempfänger überlassen. Für die Kirche insbesondere ist ausdrücklich auch das Pfründenrecht als unberührt erklärt.[6]) Das Pfründensystem der preuß. evangel. Landeskirche hat bekanntlich in neuester Zeit für die meisten Pfarrstellen eine derartige Umwandlung erfahren, daß deren Inhaber neben der Dienstwohnung nur Gehälter beziehen, während der Nießbrauch des Pfarrvermögens doch unter Erhaltung seiner rechtlichen Sonderstellung auf die Kirchengemeinden übergegangen ist.[7]) Das Pfründenrecht deckt sich nicht mit dem privatrechtlichen Nießbrauchrechte. Soweit aber für das Pfründenverhältniß schon bisher auf die allgemeinen Grundsätze des Nießbrauchs ohne Absicht der Sonderregelung unmittelbar oder mittelbar verwiesen ist, werden fortan die neuen reichsrechtlichen Vorschriften Platz zu greifen haben. — Die besonderen Bestimmungen des B. G. B., die nach Obigem für öffentliche Beamte in Frage kommen, gehen dahin, daß Rückstände

---

[1]) §§ 616 f. u. 629. [2]) § 618. [3]) § 619. [4]) Art. 95, A. G. Art. 14.
[5]) Goßner a. a. O. S. 246 A. 4. [6]) Art. 80. [7]) Vgl. Goßner S. 239.

von Besoldungen und Ruhegehältern in vier Jahren verjähren,[1]) daß die Gehalts-, Pensions-, Reliktenforderungen, soweit sie nach der C. P. O. im Zwangsvollstreckungswege nicht pfändbar, auch nicht abgetreten oder freiwillig verpfändet werden können,[2]) daß, wenn ein Beamter oder Geistlicher den hiernach übertragbaren Theil seines Diensteinkommens oder Ruhegehaltes abtreten will, entgegen der sonstigen Formfreiheit der Cession hier doch die auszahlende Kasse durch öffentlich beglaubigte Abtretungsurkunde zu benachrichtigen ist.[3]) Die landesrechtliche Beschränkung der Uebertragbarkeit bleibt unberührt; auch kann die Aufrechnung, die nach dem Reichsrecht gegen den unpfändbaren Forderungstheil unstatthaft,[4]) landesgesetzlich zugelassen werden.[5]) Ferner bestimmt das B. G. B., daß Beamte und Geistliche im Falle der Versetzung eine Miethswohnung vorzeitig (S. 17) kündigen können,[6]) daß ein Beamter, der vorsätzlich oder fahrlässig seine Amtspflicht gegen Dritte verletzt, schadensersatzpflichtig wird.[7]) Wenn ein Beamter oder Religionsdiener der Erlaubniß zur Uebernahme einer Vormundschaft bedarf, kann er nach Reichsrecht zum Vormunde (Gegenvormund, Pfleger, Beistand) ohne dieselbe nicht bestellt werden, bezw. ist er als solcher zu entlassen.[8]) In Preußen bedarf der Genehmigung der zunächst vorgesetzten Behörde, wer ein Staatsamt oder ein besoldetes Amt in der Kirchenverwaltung bekleidet.[9]) Einer Genehmigung zur Eheschließung, deren Mangel nach Reichsrecht ein aufschiebendes Ehehinderniß sein würde,[10]) bedürfen Beamte und Geistliche in Preußen nicht mehr.[11])

Neben dem Dienstvertrag ist der Werkvertrag zu nennen, den von jenem unterscheidet, daß er nicht Arbeiten, sondern ein Arbeitserzeugniß zum Gegenstande hat. Die Kirche bedient sich seiner für Herstellung von Bauten, bezw. Bautheilen vielfach. Die Vergütung, wenn sie nicht ausdrücklich vereinbart, wird durch Taxe bezw. Ueblichkeit bestimmt. Sie ist bei Abnahme des Werkes oder Werktheiles zu entrichten oder von da ab zu verzinsen.[12]) Mit der Abnahme (der Anerkennung als vertragsmäßig), bis zu welcher der Unternehmer auch die Gefahr trägt, vermindern sich die Ansprüche aus der Haftung des Letzteren.[13]) Diese Ansprüche verjähren bei Bauten in fünf Jahren nach Abnahme, bei arglistiger Verschweigung in 30 Jahren.[14]) — Die landesrechtlichen Vorschriften über Kirchen- und Schulbaulast werden — um das schon bei diese Gelegenheit hervorzuheben — nicht berührt.[15]) Das folgt, soweit diese öffentlich rechtlicher Natur ist, ohne Weiteres, wird aber vom Gesetz eben auch für den Fall privatrechtlichen Titels

---

[1]) § 197. [2]) §§ 400, 1274 auch 1069. [3]) § 40. [4]) § 394. [5]) Art. 81. Vgl. auch Goßner S. 237 und 8 und die dort cit. Staatskirchengesetze. [6]) §§ 570 und 565. [7]) §§ 839 und 841. [8]) §§ 1784, 1888 (1792, 1915). [9]) A. G. Art. 72 (bisher Vorm.-Ord. § 22). [10]) § 1315. [11]) A. G. Art. 42. [12]) §§ 632 und 641. [13]) §§ 633—637 und 640, 644 f. [14]) § 638. [15]) Art. 132.

anerkannt. Patronatliche, kommunale, durch Verjährung begründete Baupflicht u. s. w. bleibt also unverändert bestehen.

Im **Sachenrecht** des B. G. B., zu dem schon die letzten Bemerkungen überleiten, spielen die Vorbehalte des Landesrechtes eine sonderliche Rolle. Für Grundstücke führt das B. G. B. Verbindung mit der ergänzenden Reichsgrundbuchordnung das in Preußen fast durchweg schon bestehende Grundbuchsystem, das den Rechtsbestand eines Grundstücks durch öffentliche Grundbücher ersichtlich macht, reichsrechtlich durch. Zum Erwerb der Rechte an Grundstücken ist regelmäßig neben Einigung der Betheiligten Eintragung, zur Aufhebung der Rechte Löschung im Grundbuche erforderlich.[1]) Nach Eintragung eines Rechts wird Bestehen, nach Löschung Nichtbestehen gesetzlich vermuthet; dem gutgläubigen Rechtserwerber zu Gunsten gilt der Inhalt des Grundbuchs schlechthin als richtig.[2]) Unter den Einzelsachenrechten steht im Vordergrunde das Eigenthum, das eine Sache der beliebigen und ausschließenden Herrschaft Jemands unterwirft, soweit nicht das Gesetz oder Rechte Anderer entgegen stehen.[3]) Gesetzliche Beschränkungen kennt das B. G. B. selbst namentlich im Interesse des Nachbarn mehrfach.[4]) Andererseits sind die landesrechtlichen Beschränkungen im öffentlichen sowie im nachbarlichen Interesse aufrecht erhalten. In Kraft bleibt demnach zum großen Theile auch Titel 8 Theil I des A. L. R.[5]) Diese Bestimmungen sind auch für die Kirche als namhafte Grund- insbesondere Hausgrundstücksbesitzerin beachtenswerth. — Der Kreis der dinglichen Rechte an fremder Sache ist nach dem B. G. B. ein geschlossener, während nach dem bisherigen preuß. Rechte jedes persönliche Recht durch grundbuchliche Eintragung Wirksamkeit gegen Dritte erhalten konnte, bei welcher Wirksamkeit es übrigens für die am 1. Januar 1900 schon eingetragenen Rechte bewendet.[6]) Unberührt bleibt aber, wie schon erwähnt, die landesgesetzliche Ordnung betreffs der Kirchenbaulast (S. 19) und ebenso betreffs des Rechtes auf Kirchenstühle und Begräbnißplätze,[7]) das trotz seiner privatrechtlichen Seite andererseits doch auch mit öffentlichen (kirchenpolizeilichen und kultischen) Einrichtungen eng zusammenhängt. Auch die Grundsätze über Verkehrsentziehung dieser Rechte, in welcher Beziehung das B. G. B. schweigt, erfahren also keine Aenderung. Als dingliche Rechte an Grundstücken kennt das B. G. B. das Erbbaurecht,[8]) das gelegentlich auch für die Kirche nutzbar gemacht werden kann, Grunddienstbarkeiten,[9]) bei denen auch die Berechtigung einem Grundstücke zukommt, und persönliche Dienstbarkeiten — Nießbrauch[10])

---

[1]) §§ 873 und 875. [2]) §§ 891 f. [3]) § 903. [4]) §§ 904—924 (Nothhülfe und insbesondere bei Grundstücken: Einwirkungen, Einsturz, Vertiefung, Ueberhangs- und Ueberfallsrecht, Ueberbau, Nothweg, Grenzabmarkung, Grenzverwirrung, Grenzscheidungen). [5]) Art. 109, 111, 124, A. G. Art. 89, s. auch Begr. S. 230. Wegen der rheinisch rechtlichen Scheidemauer A. G. Art. 23 f. [6]) Art. 179. [7]) Art. 133. [8]) § 1012. [9]) § 1018. [10]) § 1030.

und beschränkte Nutzungsrechte[1]) —, ferner das Vorkaufsrecht,[2]) die Reallasten und das Pfandrecht. Gleich den andern dinglichen Rechten an Grundstücken[3]) sind auch Grunddienstbarkeiten abweichend vom bisherigen preuß. Rechte fortan einzutragen. Bereits bestehende bedürfen aber zur Erhaltung ihrer Wirksamkeit der Eintragung nicht, doch ist dem Belasteten wie Berechtigten gegenseitig ein Anspruch auf dieselbe reichsgesetzlich gewährt[4]). Während alle Dienstbarkeiten nur ein Dulden oder Unterlassen fordern, verpflichten die Reallasten, die im kirchlichen Vermögensrechte eine bedeutsame Rolle spielen, das belastete Grundstück zu wiederkehrenden Leistungen[5]). Der reichsgesetzlichen Regelung gegenüber bestehen zu Gunsten des Landesrechts erhebliche Vorbehalte,[6]) vermöge deren insbesondere die in Preußen bereits bestehende Beschränkung der Begründung auf das linksrheinische Gebiet, Lauenburg und Helgoland ausgedehnt wird und die Grundsätze über Vertheilung der Reallasten bei Theilung des belasteten Grundstücks in Kraft bleiben[7]). Das Pfandrecht anlangend, so tritt zu den der preuß. Gesetzgebung bereits bekannten Formen, der Hypothek und Grundschuld,[8]) bei denen Buch- und Briefschuld, Verkehrs- und Sicherungs-Hypothek zu unterscheiden, noch die Rentenschuld[9]). Ihr Erwerb wird sich in Erwartung der höheren Verzinsung, und da es der Kirche in der Regel nur auf diese, nicht aber auf Kapitalverfügung ankommt, auch für sie empfehlen. Abweichend vom bisherigen preuß. Rechte hat das B. G. B. bei Veräußerung eines hypothekarisch verhafteten Grundstückes die Uebernahme auch der persönlichen Schuld seitens des Erwerbers geregelt[10]). Die landesrechtliche Erleichterung der Haftentlassung abgetrennter Grundstückstheile durch behördliches Unschädlichkeitsattest besteht fort[11]). — Fällt ein bei Inkrafttreten des B. G. B. schon bestehendes Besitz- und Eigenthumsverhältniß sogleich unter dieses,[12]) so bleiben vorhandene Reallasten und andere dingliche Rechte nach ihrem aus dem bisherigen Gesetze sich ergebenden Inhalt bestehen, auf Grunddienstbarkeiten aber findet das neue Reichsrecht in der Hauptsache Anwendung,[13]) Hypotheken und Grundschulden werden in dasselbe übergeleitet[14]).

Die vornehmlichste Berührung mit dem Kirchenrecht hat das **Familienrecht.** Von seinen beiden Seiten, der persönlichen und der vermögensrechtlichen, interessiert hier mit einer Ausnahme nur die erstere. An der Spitze des Abschnittes steht nach der natürlichen Ordnung die Ehe und das ihr vorauf gehende Verlöbniß. Aus

---

[1]) § 1090. [2]) § 1094. [3]) Wegen Befreiung vom Eintragungszwange s. Art. 114 und A. G. Art. 22. [4]) Art. 187, s. auch Art. 128 und wegen Besitzesschutz Art. 191 und A. G. Art. 28 [5]) § 1105. [6]) Die aber den reichsrechtlichen Reallasten (Nothweg- und Ueberbaurente, §§ 914 und 917) gegenüber nicht Platz greifen, Art. 113 bis 116, s. auch 120. [7]) A. G. Art. 30 f. [8]) § 1113 ff. und 1191 ff. [9]) §§ 1199—1213, A. G. Art. 35. [10]) § 416. [11]) Art. 120, A. G. Art. 19 f. [12]) Art. 180 f. [13]) Art. 184. [14]) Art. 192—195, A. G. Art. 33 f. und 90.

letzterem findet wie bisher ein klagbarer Anspruch auf Eheschließung nicht statt,[1]) der Verlöbnißbruch hat nur gewisse Vermögensnachtheile zur Folge. Das Eherecht ist bekanntlich schon früher in gewissem Maaße Reichsrecht geworden durch das Personenstandsgesetz v. 6 Febr. 1875, das die Form der Eheschließung und ihre materiellen Erfordernisse ordnet. Die rechtlichen Folgen der Verstöße hiergegen, desgleichen die Ehescheidungen verblieben dem Landesrecht. Nunmehr wird die Ordnung eine einheitliche. Zur Ergänzung des B. G. B. dient bezüglich des Verfahrens das erwähnte Reichsgesetz v. 6. Febr. 1875, nachdem es durch Aenderungen des E. G. dem neuen Verhältniß angepaßt ist.[2]) Gerade in Bezug auf die Eheschließung enthält das B. G. B. den wesentlichsten Eingriff in das ev. Kirchenrecht, freilich nicht sowohl aus grundsätzlicher Neuerungsabsicht als wegen Unvollständigkeit des bisherigen Rechtes. Für die Eheschließung ist gegen lebhaften Widerspruch schließlich die schon bestehende reichsrechtliche Form, die obligatorische Civilehe, beibehalten. Doch gilt das bisherige Gesetz nicht in Helgoland, das erst nach seinem Inkrafttreten dem deutschen Reiche einverleibt worden ist. Hier wird daher noch heute die Ehe in der früher allgemeinen Weise, nämlich durch kirchliche Trauung vollzogen, und ihre Möglichkeit beschränkt sich nicht nur auf die wenigen Inselbewohner, vielmehr macht die bekannte Einrichtung der Fremdentrauung, deren Sonderheit im Fehlen des Aufgebotes und des Parochialrechtes besteht, die kirchliche Eheschließung allgemein zugänglich. Dieser Zustand erreicht mit dem 1. Januar 1900 sein Ende, da das B. G. B., das keine Ausnahme zuläßt, auch für Helgoland in Kraft tritt. Daß nunmehr auch das Personenstandsgesetz auf dieses ausgedehnt werden muß, ist eine nothwendige Folge, da sonst jede Möglichkeit der Eheschließung auf der Insel fehlen würde. Entfällt somit in Deutschland auch die letzte Gelegenheit kirchlichen Ehevollzugs, so wird dies nach den besonderen Umständen doch selbst den Gegnern der obligatorischen Civilehe kein Verlust dünken. Den kirchlichen Rücksichten ist übrigens im B. G. B. insoweit Rechnung getragen, daß die Ehe in der Ueberschrift von Buch IV Abschnitt 1 ausdrücklich als bürgerliche Ehe bezeichnet wird, und daß laut besonderer Schlußbestimmung durch die Vorschriften dieses Abschnittes die kirchlichen Verpflichtungen in Ansehung der Ehe nicht berührt werden sollen.[3])

Die Form der Eheschließung, die bei Vollzug in Deutschland ausschließlich maßgebend ist,[4]) erfährt in dem neuen Rechte insofern eine Aenderung, als die Vertragsnatur der Eheschließung, und der bloß

---

[1]) § 1297. [2]) Vgl. oben S. 7 A. 7; ferner R. G. über freiw. Gerichtsb. §§ 69—71 und § 186, A. G. zu letzterem Art. 142. Wegen der Eheschließung im Auslande s. R. G. v. 4. Mai 1870 in der Fassung von E. G. Art. 40. [3]) § 1588, entsprechend dem § 82 R. G. v. 6. Febr. 1875. [4]) Art. 13 Abs. 3.

deklarative Charakter der Erklärung des Standesbeamten, durch dessen Zuständigkeit die Gültigkeit der Ehe nicht mehr bedingt wird, unzweideutig hervortritt.[1]) Betreffs der Ehehindernisse lehnt sich das B. G. B., wenn auch mit gewissen Abweichungen, an das Ges. v. 6. Febr. 1875 an. Die Normen des deutschen Rechtes gelten für jeden Deutschen, auch wenn er die Ehe mit einem Ausländer eingeht; für letzteren dagegen und auch, wenn bei einer in Deutschland einzugehenden Ehe beide Theile Ausländer sind, bestimmen sich die materiellen Erfordernisse nach den Gesetzen ihres Heimathsstaates.[2]) Geändert ist insbesondere die Ehemündigkeit für den Mann, die sich fortan mit der Volljährigkeit (S. 9) deckt. Im Hinblick auf die Möglichkeit einer vorzeitigen Volljährigkeitserklärung ist für Dispensation fortan kein Raum, während sie betreffs der Frau zulässig bleibt.[3]) Für die Einwilligung der Eltern[4]) ist die Altersgrenze auf 21 Jahre herabgesetzt. Ihr Mangel beeinflußt aber die Gültigkeit der Ehe nicht.[5]) Anders betreffs der Einwilligung, die bei beschränkter Geschäftsfähigkeit der gesetzliche Vertreter zu ertheilen hat. Aus ihrem Mangel ergiebt sich, desgleichen bei Irrthum, Täuschung und Drohung unter gewissen Voraussetzungen ein Anfechtungsgrund.[6]) Ehehindernisse, deren Verletzung wie bei wesentlichem Formmangel und Geschäftsunfähigkeit Nichtigkeit bedingt, sind Doppelehe, bestimmte nahe Verwandtschaft und Schwägerschaft, endlich Ehebruch, wenn er im Scheidungsurtheil als Grund der Scheidung festgestellt ist, zwischen dem Geschiedenen und dem Mitschuldigen.[7]) Diese Ehehindernisse sind auch für das Kirchenrecht von Bedeutung, sofern sie nach Vorschrift der Trauungsordnung, abgesehen davon, daß die Trauung erst nach der Eheschließung stattfinden darf, zugleich auch Trauhindernisse sind, wenn auch nicht die alleinigen.[8])

Auch an dem Ehescheidungsrechte, das früher ganz in ihrer Hand lag, nimmt die Kirche noch gegenwärtig Theil; einmal wegen ihres Strebens, daß ihre Auffassung von der Heiligkeit und regelmäßigen Untrennbarkeit der Ehe auch die staatliche Ordnung durchdringe, und ferner wegen der nahen Berührung mit der von ihrer eigenen Entschließung abhängigen Frage der Wiedertrauung. Das B. G. B.[9]) kehrt jedenfalls dem A. L. R. gegenüber zu einem strengeren Standpunkt zurück. Zugelassen ist allerdings schließlich der (von der Reichstagskommission gestrichene) Grund unheilbarer Geisteskrankheit.[10])

---

[1]) §§ 1317—1320. [2]) Art. 13, auch 27. [3]) § 1303. [4]) §§ 1305—1308. [5]) Ebenso wenig die weiteren, bloß aufschiebenden Ehehindernisse der Wartezeit für eine Frau (§ 1313), der Auseinandersetzungspflicht gegenüber Kindern (§ 1314), der Erlaubniß für Ausländer (§ 1315, A. G. Art. 43). Wegen Erlaubniß für Beamte u. Geistliche s. oben S. 19. [6]) §§ 1304, 1331—1335. [7]) §§ 1309—1312 u. 1323—1328. [8]) Vgl. z. B. Trauungsordnung für Altpreußen v. 27. Juli 1880 § 12, für Schleswig-Holstein vom 25. Mai 1880 § 2. In letzterem ist das in Bezug genommene Personenstandsges. zu ersetzen durch B. G. B. [9]) Wegen des internationalen Privatrechtes s. Art. 17. [10]) § 1569.

Im Uebrigen erfolgt die Scheidung nur bei Verschulden eines Gatten (Ehebruch, Lebensnachstellung, bösliche Verlassung, endlich tiefe Zerrüttung des Verhältnisses durch schwere Verletzung der ehelichen Pflichten, so durch grobe Mißhandlung, oder durch ehrloses oder unsittliches Verhalten)[1]. Die der sittlichen Idee der Ehe nicht gerecht werdenden Gründe gegenseitiger Einwilligung und unüberwindlicher Abneigung sind nicht anerkannt. Uebrigens ist — entsprechend der ehemaligen dauernden Trennung von Tisch und Bett — statt Auflösung des rechtlichen Bandes auch eine bloße Aufhebung der ehelichen Gemeinschaft zugelassen.[2]) — Während die Gültigkeit der vor dem 1. Jan. 1900 geschlossenen Ehe sich nach dem bisherigen Rechte bestimmt, findet auf die Scheidung sogleich das B. G. B. Anwendung.[3])

Im Verhältniß der Eltern zu den Kindern trifft das B. G. B. eine wichtige Neuerung, indem es an Stelle der väterlichen die elterliche Gewalt setzt. Sie wird bei Lebzeiten des Vaters von diesem, nach seinem Tode von der Mutter ausgeübt.[4]) Eine Vormundschaft wird daher bei Lebzeiten der Mutter nicht eingeleitet, die am 1. Jan. 1900 bestehende hört auf;[5]) doch kann der Mutter ein Beistand bestellt werden.[6]) Die elterliche Gewalt begreift insbesondere, was hier interessirt, die Sorge für die Person des Kindes und damit das Recht und die Pflicht seiner Erziehung,[7]) die übrigens auch neben dem die Gewalt übenden Vater der Mutter zukommt, doch so daß bei Meinungsverschiedenheit des Vaters Wille vorgeht.[8]) Auch der unehelichen Mutter, der sonst elterliche Gewalt nicht zusteht, gebührt jene Sorge, während der Vormund insoweit nur die Stellung eines Beistandes hat.[9]) Das uneheliche Kind erlangt die rechtliche Stellung eines ehelichen, damit auch Anspruch auf den Familiennamen des Vaters durch nachfolgende Ehe der Eltern,[10]) sowie durch Ehelichkeitserklärung, die auf Antrag des Vaters durch Verfügung der Staatsregierung geschehen kann.[11]) Für die öffentliche Anerkennung der Vaterschaft, durch die im ersteren Falle Zweifel behoben werden können, wird die Beurkundung näher geordnet.[12]) Weiter kann nach dem B. G. B. durch öffentliche Erklärung der Ehemann der Mutter eines unehelichen Kindes diesem mit Einwilligung Beider seinen Namen ertheilen; die zur Aufnahme zuständige Behörde bestimmt das Landesrecht.[13]) Diese Grundsätze haben auch ein gewisses kirchliches Interesse in Ansehung der Kirchenbuchführung.[14])

---

[1]) §§ 1565—1568. [2]) 1575—1587. [3]) Doch bleibt Verschulden unberücksichtigt, das nicht auch bisher Scheidungsgrund, Art. 199 u. 201 f. [4]) Ausnahmsweise auch schon, während der Mann noch lebt, § 1684 f., s. auch § 1696 f. [5]) Art. 203. [6]) § 1687. [7]) §§ 1631 u. 1686. [8]) § 1634. [9]) § 1707. [10]) § 1719. [11]) § 1723 ff. [12]) R. G. 6. Febr. 1875 § 25, R. G. über freiw. Ger. § 167 und 191, A. G. Art. 70 f. und 90. Das Namensrecht eines vor dem 1. Jan. 1900 geborenen Kindes bestimmt sich nach bisherigem Rechte, Art. 208. [13]) § 1706, A. G. 68 § 2. [14]) Vgl. Goßner a. a. O. S. 406 A. 15.

Wenn nach den letzten Ausführungen das Recht der Kindererziehung im Allgemeinen auch durch das neue Privatrecht geregelt ist, so wird doch wegen der Schwierigkeit einheitlicher Gestaltung und der Berührung mit dem öffentlichen, dem interkonfessionellen Kirchenrechte die religiöse Erziehung der Kinder insonderheit dem Landesrechte vorbehalten. In Kraft bleiben daher namentlich die §§ 77f. und 81—84, auch 642 A. L. R. II 11., bezw. die bekannte Deklaration v. 21. Nov. 1803, wonach bei Konfessionsverschiedenheit die Religion des Vaters entscheidet, solange sich die Eltern nicht anders einigen.[1] Nach den dargelegten allgemeinen Grundsätzen darf hier nach des Vaters Tode nicht etwa die elterliche Gewalt der Mutter wirksam werden. — Ein weiteres Interesse der Kirche knüpft sich an die Zwangserziehung der Jugend, bei der namentlich die Geistlichen durch allgemeine seelsorgerlichen Rücksichten und besondere behördliche Weisungen zur Mitwirkung berufen sind.[2] Gewisse Voraussetzungen der Zwangserziehung stellt schon bisher das Reichsstrafgesetzbuch fest, das mit einer Aenderung erhalten bleibt; das neue Reichsrecht fügt weitere hinzu, behält im Uebrigen aber die Regelung dem Landesrechte vor. Eine Zwangserziehung kann danach stattfinden, wenn der Strafrichter eine strafbare Handlung des strafmündigen Jugendlichen feststellt, aber wegen Mangels der Einsicht freispricht;[3] ferner nach Maßgabe des Landesrechts, wenn der Vormundschaftsrichter eine strafbare Handlung des strafunmündigen Kindes feststellt,[4] wenn das geistige oder leibliche Wohl dadurch gefährdet wird, daß der Vater (oder die die elterliche Gewalt übende Mutter) das Recht der Sorge für die Person des Kindes mißbraucht, das Kind vernachlässigt oder sich eines ehrlosen oder unsittlichen Verhaltens schuldig macht,[5] wenn für ein Mündel Zwangserziehung geboten erscheint,[6] endlich wenn diese (auch ohne elterliches Verschulden) zur Verhütung des völligen sittlichen Verderbens nothwendig wird, sofern im ersten Falle der Straf-, in allen anderen Fällen der Vormundschaftsrichter die Zwangserziehung anordnet.[7] Das hiernach maßgebliche preuß. Landesrecht, wie es in dem Gesetz v. 13. März 1878 nebst Ergänzungen v. 27. März 1881 und 23. Juni 1884 enthalten ist und bisher nur den Fall der Strafthat eines Unmündigen betrifft, bedarf in Folge der reichsgesetzlichen Erweiterung der Voraussetzungen einer Aenderung, die besonderer Regelung vorbehalten ist.[8] Die Entscheidung über die Art der Zwangserziehung (ob in Familie, Erziehungs- oder Besserungsanstalt) der Verwaltungsbehörde vorzubehalten, läßt auch das Reichsrecht zu, sofern die Unterbringung auf öffentliche Kosten geschieht.[9]

Auch an der Waisenpflege nimmt die Kirche nach ihren seelsorgerlichen Aufgaben Theil; besondere regimentliche Anordnungen

---

[1]) Goßner S. 20—23. [2]) Ebenda S. 392 A. 1. [3]) St. G. B. § 56. [4]) St. G. B. § 55 in Fassung von E. G. Art. 34. [5]) § 1666. Beschwerderecht R. G. betr. freiw. Ger. § 57 [8]. [6]) § 1838. [7]) Art. 135. [8]) Begr. S. 4. [9]) Art. 135 Abs. 2.

weisen namentlich die Geistlichen auf die wünschenswerthe Art ihrer Mitwirkung hin.[1]) Das Vormundschaftsrecht des B. G. B. folgt der fortfallenden preuß. Vormundschaftsordnung vom 5. Juli 1875; doch ist eine wichtige aus der Einführung der elterlichen Gewalt sich ergebende Abweichung schon hervorgehoben. Insbesondere sind die Aufgaben des Gemeindewaisenrathes, auf dessen Förderung durch die Geistlichen es vornehmlich ankommt, wesentlich übereinstimmend mit dem preuß. Rechte geregelt.[2]) Die Einrichtung dieser Behörde ist Sache des Landesgesetzes.[3]) In Preußen sollen zu seiner Unterstützung auch Frauen als Waisenpflegerinnen bestellt werden können, die unter seiner Leitung bei Beaufsichtigung der Kinder und überhaupt der weiblichen Mündel mitzuwirken haben. — Bei Auswahl des Vormundes, dessen Vorschlag mit zu den Pflichten des Waisenrathes gehört, ist auf das Bekenntniß des Mündels Rücksicht zu nehmen; gehört er dem Bekenntniß nicht an, in dem das Kind zu erziehen, so kann das Vorm.-Gericht ihm die Sorge für die religiöse Erziehung des Kindes entziehen.[4]) Der Gemeindewaisenrath hat in Unterstützung des Gerichtes darüber zu wachen, daß der Vormund für die Erziehung des Mündels pflichtmäßig sorgt. Dieser ist, wenn seine Amtsführung die Interessen des Mündels gefährden würde, zu entlassen.[5]) — Wenn das B. G. B. auch eine gesetzliche Vormundschaft nicht kennt, so bleibt doch landesgesetzlich den Vorständen gewisser Erziehungs- und Verpflegungsanstalten die Vormundschaft über die untergebrachten Minderjährigen.[6]) — Auch eine vermögensrechtliche Bestimmung des Vormundschaftsrechts ist für die Kirche von Wichtigkeit.[7]) Nach bestehender Ordnung dürfen zinstragende kirchliche Gelder nur mit mündelmäßiger Sicherheit angelegt werden. Diese bestimmt sich fortan nach dem B. G. B.; doch ist zur Ergänzung desselben dem Landesrecht Spielraum gelassen, den eingehende Vorschriften des preuß. A. G. ausfüllen sollen.[8]) Für die hypothekarische Beleihung wird die durch Grundsteuerreinertrag bestimmte Grenze erhöht. Statt des 15fachen beträgt sie, wenn kein anderes eintragungsbedürftiges Recht vorgeht, das 20fache; ferner bei Grundstücken, die von einer Kreditanstalt bis zu einem größeren Vielfachen beliehen werden können, dieses, doch nicht über das 30fache. Für einzelne Bezirke kann durch Königl. Verordnung die Grenze bis zum 40fachen Betrage bestimmt werden. Die zur Anlage geeigneten öffentlichen Sparkassen werden durch eine im Einverständniß mit dem Ober-

---

[1]) Goßner a. a. O. S. 393 A. 1. [2]) §§ 1849—1858, auch 1675, 1779 Abs. 1, 1792 Abs. 4, 1862 Abs. 1 und 1915, R. G. über freiw. Gerichtsb. § 49. [3]) A. G. Art. 77. [4]) §§ 1779, 1801. [5]) §§ 1837, 1886. Wegen Beschwerderechtes s. § 57 R. G. betr. freiw. Ger., das in Ergänzung des B. G. B. das Verfahren in Vormundschaftssachen ordnet (§§ 35—64). [6]) Art. 136, A. G. Art. 78. [7]) Erwähnt sei auch, daß zur Verwaltung öffentlicher, für einen vorübergehenden Zweck veranstalteter Sammlungen ein Pfleger bestellt werden kann, § 1914 u. R. G. betr. freiw. Ger. § 42. [8]) B. G. B. §§ 1807 und 1808, E. G. Art. 99, 144 u. 212, A. G. Art. 73—76.

landesgerichtspräsidenten zu erlassene, im Amtsblatt bekannt zu machende Erklärung des Reg.-Präsidenten bestimmt. Besonders wichtig ist aber, daß neben Schuldverschreibungen des Reichs, Deutsch. Staaten und Kommunen, Preuß. Rentenbankrentenbriefen, landschaftl. Pfandbriefen und Kommunaloblig. von Hyp.-Aktienbanken auch Schuldverschreibungen von Kirchengemeinden oder kirchl. Verbänden, die mit staatsaufsichtlicher Genehmigung ausgestellt und entweder von Seiten der Inhaber unkündbar sind oder einer regelmäßigen Tilgung unterliegen, als mündelsicher anerkannt werden. Dadurch erfährt die Kirche eine wesentliche finanzielle Förderung; sie kann, namentlich auch in sich, etwa durch zweckentsprechende Organisation für Ausgleich des vorhandenen Kapital- und Zinsbedürfnisses sorgen. Die neuen preußischen Normen betreffs Sicherheit der Grundstücke und Werthpapiere sind ausnahmsweise sofort mit der Verkündigung des A. G. in Kraft getreten, damit die Anlegung nach Maßgabe derselben schon vor dem 1. Januar 1900 geschehen kann.[1]) Weniger erfreulich ist, daß mit dem 1. Januar 1900 die Außerkurssetzung von Inhaberpapieren unstatthaft wird, vorhandene bezügliche Vermerke ihre Wirkung verlieren.[2]) Einen gewissen Ersatz bietet, daß der Inhaber — allerdings auf seine Kosten — von öffentlichen Korporationen als Ausstellern Umschreibung auf den Namen fordern kann, was auch für Schuldverschreibungen gilt, die schon vor dem 1. Januar 1900 ausgestellt sind.[3]) Sonst muß um so sorgfältiger auf Verwahrung der Werthpapiere Bedacht genommen werden, wofern nicht Anschaffung von Papieren vorgezogen wird, die durch Eintragung ins Reichs- oder Staatsschuldbuch[4]) vor rechtswidriger Aneignung Dritter gesichert werden können. Die nöthigen neuen Schutzvorkehrungen werden schon vor dem 1. Januar 1900 zu treffen sein.

Der Schlußblick auf das **Erbrecht** kann kurz sein. Für die Kirche kommt nur die Lage des Bedachten als Erbe oder Vermächtnißnehmer in Frage, wobei die öffentliche rechtliche Beschränkung der Erwerbsfähigkeit schon erwähnt ist (S. 14). Die Erbschaft wird mit dem Erbfalle ohne Weiteres erworben,[5]) doch mit dem Rechte der Ausschlagung[6]) und mit der Möglichkeit, die Haftung für Nachlaßverbindlichkeiten, für deren Feststellung der Erbe gewisse Mittel hat,[7]) auf den Nachlaßbestand zu beschränken.[8]) Die für die Kirche üblichere Zuwendungsform, das Vermächtniß, dessen Erwerb gleichfalls von selbst mit dem Erbfalle und mit Recht der Ausschlagung geschieht, gewährt

---

[1]) A. G. Art. 90. [2]) Art. 176. [3]) B. G. B. § 806, E. G. Art. 101, A. G. Art. 18 §§ 1, 6 u. 11. Wegen Form der Anträge, der Umschreibung und der Rückverwandlung ergehen ministerielle Ausführungsvorschriften, § 6. Betrifft Zulässigkeit des Aufgebotsverfahrens bei Verlust nach Umschreibung s. § 9. [4]) Vgl. Art. 97. [5]) §§ 1922 und 1942. [6]) §§ 1943 ff. [7]) §§ 1970 ff. (Aufgebot der Nachlaßgläubiger), 1993 ff. (Inventarerrichtung). [8]) §§ 1975—1992 (Nachlaßverwaltung und Nachlaßkonkurs).

ein Forderungsrecht gegen den Nachlaß,[1]) das sowohl gegen den Erben wie den Testamentsvollstrecker geltend gemacht werden kann.[2]) Das Recht der Kirche kann sich nur auf Testament gründen; doch bleibt das landesgesetzliche Erbrecht der milden Anstalten unberührt.[3]) Nach zweckmäßiger Bestimmung des B. G. B. ist auch bei testamentarischer Erbfolge zum Ausweise der Berechtigung, deren Prüfung trotz letztwilliger Verfügung Dritten und Behörden schwer fallen kann, auf Verlangen ein Erbschein des Nachlaßgerichtes zu ertheilen.[4]) — Auch bei Beurkundung des letzten Willens ist die Kirche bisher ausnahmsweise betheiligt. In einzelnen Gegenden Hannovers und Schleswigs haben die Geistlichen die Berechtigung zur Testamentsaufnahme; und im landrechtlichen Gebiete kann bei Testamentserrichtung vor dem Dorfgerichte, wie es bei Gefahr im Verzuge zulässig ist, statt des Gerichtsschreibers der Geistliche amtiren.[5]) Ein solches Nothtestament, das vor Gemeinde- oder Gutsvorsteher und zwei Zeugen zu erklären ist, ist auch nach dem B. G. B. zulässig; und im Hinblick auf die erstgenannten Gegenden wird landesrechtlich die Möglichkeit geschaffen, an Stelle des Vorstehers eine andere Person, namentlich also den Geistlichen, zu setzen.[6]) Wenn übrigens neben dem öffentlichen auch das bloße privatschriftliche, d. i. vom Erblasser unter Angabe von Ort und Tag eigenhändig ge- und unterschriebene Testament als ordentliche Errichtungsform zugelassen ist,[7]) so dürfte das wohl öfter zu einer allerdings inoffiziellen Inanspruchnahme der Hülfe des Geistlichen führen.

Die Wanderung durch das B. G. B. von dem besonderen Standpunkt dieses Aufsatzes aus ist am Ziele. Möge sie Denen, die ein eindringenderes Studium vorhaben, Anregung und Wegweisung, weiteren kirchlichen Kreisen aber, die anderer Aufgaben und Interessen halber dazu nicht in der Lage sind, den unentbehrlichen Ueberblick über die neuen Rechtsbeziehungen gebracht haben!

---

[1]) §§ 2174, 2176, 2180. [2]) § 2213. [3]) Art. 139, vgl. §§ 32 ff. A. L. R. II, 19. [4]) §§ 2355 f., auch 2361 und 2365 R. G. betr. freiw. Ger. § 85. [5]) § 94 A. L. R. I, 12. Die Gültigkeit einer vor dem 1. Januar 1900 geschehenen Testamentserrichtung richtet sich auch bei späterem Tode des Erblassers nach dem bisherigen Rechte, Art. 214. [6]) § 2249, A. G. Art. 80. [7]) Nicht aber für Minderjährige, §§ 2231^2 und 2247 f. Die Testamentserrichtungsfähigkeit beginnt nach B. G. B. erst mit dem 16. Jahre, § 2229.

Zeitschrift für den evang. Religionsunterricht, 1892. Mit dem vorliegenden dritten Theile ist Heidrich's Handbuch für den Religionsunterricht abgeschlossen. Die Litteratur für den evang. Religionsunterricht ist damit um ein sehr wichtiges und höchst brauchbares Hülfsmittel bereichert worden. Auch diesen dritten Band von Heidrich's Werk können wir aufs allerangelegentlichste empfehlen. **Wir zählen das Werk zu dem vortrefflichsten Rüstzeug des Religionslehrers in den oberen Klassen. Dasselbe sollte in keiner Lehrerbibliothek und in der Büchersammlung keines Religionslehrers fehlen.**

Im Anschluß an das **„Handbuch"** erschien von demselben Verfasser ein

Hülfsbuch
für den Religionsunterricht
in den oberen Klassen

Gr. 8⁰, XI. und 248 Seiten. Preis in Leinen geb. Mk. 3.—,

welches den Zweck hat, dem Schüler zu erleichtern, den ihm im **mündlichen** Unterricht dargebotenen Stoff zu **behalten** und zu **wiederholen.**

☛ **Die Einführung des Hülfsbuchs ist durch Erlass des Königlichen Ministeriums der geistlichen p. p. Angelegenheiten gestattet worden.**

Deutsche evang. Kirchenzeitung 1893 Nr. 4. Des Verf. großes dreibändiges Handbuch für den Religionsunterricht in den oberen Klassen der höheren Schulen hat den Lehrern ein unschätzbares Hülfsmittel in die Hand gegeben. Nun folgt ein **Hülfsbuch für die Schüler,** welches dieselben günstigen Erwartungen hervorruft und große pädagogische Theilnahme erweckt. Der Verf. hat es in drei Theile getheilt, ein Lehrbuch, ein Kirchenbuch, ein Lernbuch. Alles ist auf das praktische Bedürfniß bemessen und zugeschnitten, so daß man den geübten Pädagogen herausmerkt.

Zeitschrift für den evang. Religionsunterricht Bd. V. Der Verfasser, der durch sein in drei Bänden erschienenes **Handbuch** für den Religionsunterricht in den oberen Klassen rühmlichst bekannt ist, hat nunmehr das für den Schüler der oberen Klassen bestimmte **Hülfsbuch** folgen lassen. — — — Der ganze Leitfaden ist in so lichtvoller Darstellung geschrieben, mit so tiefen, das Gemüth anregenden, manchmal geradezu begeisternden Gedanken erfüllt, daß er schon um deswillen als Schulbuch besonders geeignet erscheint.

So empfehlen wir denn das Buch allen Religionslehrern aus vollster Ueberzeugung. Es ist bestimmt Segen zu schaffen.

Anhaltische Buchdruckerei Gutenberg, e. G. m. b. H., Dessau.

MIX
Papier | Fördert
gute Waldnutzung
FSC® C083411

Kolibri 360 GmbH
Ferdinand-Jühlke-Straße 7
99095 Erfurt, Deutschland
produktsicherheit@kolibri360.de